FONDUES

Spießen – dippen – genießen …

Freunde um den Tisch versammeln, abwechslungsreich genießen und dabei vergnüglich plaudern – bei Fondues und tollen Saucen ist beste Stimmung garantiert!
Jeder gabelt nach Herzenslust auf, was ihm schmeckt, taucht mal in diese, mal in jene Sauce. Von cremigen Käsetunken über leichte Brühe-Töpfe bis hin zu köstlich frittierten Gemüsen zum Sattessen, pur oder mit Fisch, Nudeln, Tofu und Polenta – alle Fondues ohne Fleisch! Und dazu gibt's zehn verschiedene Dips.

TOMATENFONDUE MIT NUDELN

➤ preiswert

Echt italienisch mit Pasta, viel Gemüse und Käsesauce

Zutaten für 4 Personen:

- *500 g Tomaten*
- *1 Zwiebel*
- *2 Knoblauchzehen*
- *je 1/2 Bund Thymian und Oregano*
- *1 EL Olivenöl*
- *1 Lorbeerblatt*
- *1 1/4 l Gemüsebrühe*
- *300 g Penne-Nudeln*
- *Salz*
- *2 rote Paprikaschoten*
- *2 Zucchini*
- *1 kleine Staude Mangold*
- *1 Dose Artischockenherzen (240 g)*
- *Pfeffer, frisch gemahlen*

ZUBEREITUNGSZEIT: 40 MIN.
PRO PORTION ETWA: 1670 KJ/400 KCAL

1 Die Tomaten waschen, Zwiebel und Knoblauchzehen schälen und alles grob würfeln. Die Kräuter waschen, Blätter abzupfen und hacken.

2 Das Olivenöl erhitzen und Zwiebel, Knoblauch und Kräuter darin anbraten. Tomaten und Lorbeerblatt dazugeben und kurz anschwitzen. Die Brühe dazugießen, aufkochen und 20 Min. kochen lassen.

3 Die Nudeln in kochendem Salzwasser laut Packungsanweisung knapp bissfest garen. Gemüse waschen und putzen. Paprikaschoten in kleine Rauten, Zucchini in dünne Scheiben, Mangold quer in fingerbreite Streifen schneiden. Artischocken abgießen und vierteln. Nudeln abtropfen lassen und mit dem Gemüse auf Platten anrichten.

4 Die Tomatenbrühe durch ein Sieb passieren, mit Salz und Pfeffer würzen. Tomatensud im Fonduetopf aufkochen lassen. Auf das Rechaud stellen. Gemüse und Nudeln im Sud gar ziehen lassen und mit Fonduesieben herausfischen.

Dazu schmecken die Tomaten- und die Parmesan-Mayonnaise (Seite 19).

! **VARIANTE:** Statt Nudeln können Sie auch selbst gemachte oder fertige Gnocchi in der Brühe gar ziehen lassen.

GEMÜSEFONDUE IN ZITRONENSUD

➤ raffiniert | kalorienarm

Eine frühlingsfrische Variante mit feinen Gemüsen

Zutaten für 4 Personen:

- *400 g weißer Spargel*
- *300 g grüner Spargel*
- *Salz*
- *1 Bund junge Möhren*
- *2 Kohlrabi*
- *200 g Zuckerschoten*
- *200 g Cocktailtomaten*
- *1 Schalotte*
- *2 Knoblauchzehen*
- *1 unbehandelte Zitrone*
- *2 l Gemüsebrühe*
- *Pfeffer, frisch gemahlen*
- *2 EL gehackte Zitronenmelisse*

ZUBEREITUNGSZEIT: 45 MIN.
PRO PORTION ETWA: 560 KJ/130 KCAL

1 Spargel putzen, schälen und in Stücke schneiden. Weißen Spargel in kochendem Salzwasser 10 Min. garen, grünen Spargel 5 Min. Den Spargel abgießen, abschrecken und gut abtropfen lassen.

2 Die Gemüse waschen, putzen und gegebenenfalls schälen. Möhren schräg in dünne Scheiben, Kohlrabi in dünne Scheiben schneiden. Das Gemüse auf Platten anrichten.

3 Für den Sud die Schalotte und den Knoblauch schälen und fein würfeln. Schale der Zitrone abreiben, Saft auspressen. Schale und Saft mit Schalotte, Knoblauch und Brühe in einem Fonduetopf vermischen. Aufkochen und etwa 5 Min. köcheln lassen. Salzen und pfeffern, Zitronenmelisse dazugeben.

4 Die Brühe in einen Fonduetopf gießen und auf dem Rechaud leise köcheln lassen. Gemüse im heißen Sud garen und mit Fonduesieben herausfischen.

Dazu passen Baguette, die Zitronen- und die Kräuter-Mayonnaise (Seite 18).

TIPP: Besonders edel wird das Gemüsefondue, wenn Sie dazu noch rohe, aus der Schale gelöste Garnelenschwänze servieren.

FISCHFONDUE NACH THAI-ART

➤ **echt thailändisch**

Herrlich würzig und duftend, doch unkompliziert zuzubereiten

Zutaten für 4 Personen:

- *600 g Fischfilet (z. B. von Kabeljau, Heilbutt, Viktoriabarsch)*
- *1 Limette*
- *Salz*
- *Pfeffer, frisch gemahlen*
- *2 Bund Frühlingszwiebeln*
- *250 g frische Maiskölbchen (ersatzweise aus der Dose)*
- *1 Dose Bambussprossen (300 g, 170 g Abtropfgewicht)*
- *3 scharfe, rote Chilischoten*
- *1 walnussgroßes Stück Ingwer*
- *2 Knoblauchzehen*
- *1 Stängel Zitronengras*
- *3 Zweige Koriandergrün*
- *800 ml Fischfond (aus dem Glas) oder 1 l Hühnerbrühe*
- *5 EL Fischsauce (Asienladen)*

ZUBEREITUNGSZEIT: 30 MIN.
PRO PORTION ETWA: 1660 KJ/400 KCAL

1 Fisch waschen, trockentupfen und in Würfel oder Streifen schneiden. Die Limette halbieren, eine Hälfte auspressen, von der anderen 3 Scheiben abschneiden. Fisch mit 2 EL Limettensaft, Salz und Pfeffer würzen.

2 Die Frühlingszwiebeln waschen, putzen, längs halbieren und in etwa 5 cm lange Streifen schneiden. Maiskölbchen abbrausen und in 2–3 cm große Stücke schneiden. Bambussprossen abgießen, abtropfen lassen und in dünne Scheiben schneiden.

3 Die Chilischoten waschen, putzen und entkernen. Ingwer und Knoblauch schälen und in Scheiben schneiden. Zitronengras putzen, nur das untere Drittel fein hacken. Koriander kurz abbrausen und trockenschwenken.

4 In dem Fonduetopf Fond und 200 ml Wasser oder die Hühnerbrühe aufkochen, Chilischoten, Knoblauch, Ingwer, Zitronengras, Limettenscheiben, Korianderzweige und Fischsauce dazugeben.

5 Den Topf auf das Rechaud stellen. Fischfilet und Gemüse in Fonduesieben in der sanft köchelnden Brühe garen, herausnehmen und mit der Sauce genießen.

Dazu passt thailändischer Duftreis.

CURRY-KOKOS-FONDUE

➤ raffiniert | exotisch

Milde Schärfe für Fisch und Meeresfrüchte

Zutaten für 4 Personen:

- *200 g Schollenfilet*
- *200 g Tintenfische*
- *200 g rohe, geschälte Garnelen*
- *1 Limette*
- *Salz*
- *Pfeffer, frisch gemahlen*
- *1 große Stange Lauch*
- *250 g Möhren*
- *150 g frische Bohnenkeimlinge*
- *1 Dose ungesüßte Kokosmilch (400 g)*
- *3 EL Currypulver*
- *800 ml Fischfond (aus dem Glas) oder 1 l Gemüsebrühe*

ZUBEREITUNGSZEIT: 30 MIN.
PRO PORTION: 710 KJ/170 KCAL

1 Schollenfilet, Tintenfische und Garnelen waschen und trockentupfen. Fisch in Streifen, Tintenfische in Ringe schneiden. Die Limette auspressen. Fisch und Meeresfrüchte mit Salz, Pfeffer und 2 EL Limettensaft würzen.

2 Den Lauch waschen und putzen, Möhren schälen und beides längs in etwa 5 cm lange, dünne Streifen schneiden. Die Sprossen waschen. Fisch und Gemüse auf Platten anrichten.

3 Kokosmilch, Currypulver, 2 Schalenstreifen der Limette und den übrigen Limettensaft im Fonduetopf verrühren, aufkochen und 5 Min. köcheln lassen. Dann den Fond und 200 ml Wasser oder die Gemüsebrühe dazugießen und weitere 5 Min. kochen.

4 Den Fonduetopf auf das Rechaud stellen. Fisch und Gemüse darin garen und mit Fonduesieben herausfischen. Mit dem Curry-Kokos-Sud beträufeln.

Dazu passen weißer Basmatireis, Fischsauce und frischer Koriander.

! **TIPP:** Noch exotischer wird das Fondue, wenn Sie statt Currypulver 2 EL gelbe oder grüne Currypaste aus dem Asienladen nehmen.

JAPANISCHES TOFUFONDUE

➤ kalorienarm

Frisch, leicht und gesund – mit Sojaquark und Gemüse

Zutaten für 4 Personen:

- *800 g Tofu*
- *7 EL Sojasauce*
- *200 g tiefgekühlte Erbsen*
- *200 g Blattspinat*
- *200 g Chinakohl*
- *250 g Gurke*
- *200 g Frühlingszwiebeln*
- *200 g Champignons*
- *100 g Shiitake-Pilze*
- *1 1/2 l Gemüsebrühe*
- *4 EL Sake (Reiswein) oder Sherry*

ZUBEREITUNGSZEIT: 30 MIN.
PRO PORTION ETWA: 1500 KJ/360 KCAL

1 Den Tofu zwischen Küchenpapier leicht auspressen, würfeln und mit 2 EL Sojasauce vermischen. 10 Min. marinieren.

2 Inzwischen Gemüse waschen und putzen oder schälen. Erbsen antauen, Spinat unzerteilt lassen. Chinakohl in breite Streifen, Gurke in Würfel, Frühlingszwiebeln in 2 cm große Stücke schneiden. Champignons und Shiitake-Pilze feinblättrig schneiden. Tofu und Gemüse auf einer Platte anrichten.

3 Die Brühe im Fonduetopf aufkochen lassen, übrige Sojasauce und Sake oder Sherry hineinrühren und auf das Rechaud stellen. Tofu und Gemüse in Fonduesieben in der Brühe garen. Herausnehmen und mit Sud beträufeln.

Dazu passen Zitronendip, Sesamsauce (beide siehe Tipps) und weißer Reis.

TIPPS: Für den Zitronendip je 1/8 l Zitronensaft und Sojasauce verrühren.
Für die **Sesamsauce** 100 g Sesam rösten, mit 2 Schalotten im Mixer zerreiben, nach und nach 100 ml Gemüsebrühe, 4 EL Sojasauce, 2 EL Reiswein und 1 TL Zucker untermischen, bis die Sauce cremig ist. Besonders würzig wird die Brühe, wenn Sie noch 1 EL Miso, eine kräftige Sojabohnenpaste, unterrühren.

KARTOFFELFONDUE

➤ **gut vorzubereiten | preiswert**

Würziges, preiswertes Fondue mit Schafskäse

Zutaten für 4 Personen:

- *1 kg kleine, fest kochende Kartoffeln*
- *Salz*
- *400 g fester Schafskäse (Feta)*
- *40 g Mehl*
- *2 Eier*
- *80 g Sesamsamen*
- *300 g Zucchini*
- *200 g Schalotten*
- *1 Bund frischer Salbei*
- *1 1/4 l Olivenöl*

ZUBEREITUNGSZEIT: 1 STD.
PRO PORTION ETWA: 2690 KJ/640 KCAL

1 Die Kartoffeln waschen, in Salzwasser in etwa 15 Min. knapp gar kochen.

2 Inzwischen den Schafskäse in 2 cm große Würfel schneiden. Zuerst in Mehl, dann in verquirlten Eiern und zum Schluss in Sesam wenden. Zucchini waschen, putzen und in Streifen schneiden. Schalotten schälen, größere längs halbieren, kleinere ganz lassen. Salbeiblätter abzupfen und mit Küchenpapier abreiben.

3 Die Kartoffeln abgießen, eventuell schälen, etwas abkühlen lassen und dann halbieren. Alle Zutaten auf Platten anrichten.

4 Das Öl im Fonduetopf auf dem Herd stark erhitzen. Auf das Rechaud stellen. Kartoffeln, Sesam-Feta, Gemüse und Salbei abwechselnd auf Fonduegabeln spießen oder in Fonduesiebe legen und frittieren.

Die Kräuter- und die Oliven-Knoblauch-Mayonnaise (Seite 18/19) und nach Belieben Weißbrot dazu reichen.

!

VARIANTE: Die Zutaten abwechselnd auf Holzspieße stecken und im heißen Öl braten.

TIPP: Als Getränk mundet ein frischer, leichter Weißwein, zum Beispiel ein Pinot Grigio.

TEX-MEX-FONDUE

➤ raffiniert | gut vorzubereiten

Ein sanft feuriges und buntes Essvergnügen

Zutaten für 4 Personen:

- *1 Frühlingszwiebel*
- *1 kleine, rote Chilischote*
- *1/2 l Gemüsebrühe*
- *250 g Polentagrieß*
- *125 g geriebener Gouda*
- *1 Ei*
- *1 Eigelb*
- *1 TL getrockneter Oregano*
- *Salz*
- *Pfeffer, frisch gemahlen*
- *je 1 große rote und grüne Paprikaschote*
- *1 Dose Maiskolben (500 g)*
- *1 1/2 l Pflanzenöl*

ZUBEREITUNGSZEIT: 50 MIN.
PRO PORTION ETWA: 2310 KJ/550 KCAL

1 Frühlingszwiebel und Chilischote putzen, waschen und fein würfeln. Brühe aufkochen, 200 g Polentagrieß dazugeben und 20 Min. kochen lassen, dabei rühren.

2 Käse, Ei und Eigelb, Frühlingszwiebel und Chilischote untermischen, mit Oregano, Salz und Pfeffer würzen. Aus dem Polentateig walnussgroße Bällchen formen, in der restlichen Polenta wälzen und kalt stellen.

3 Paprikaschoten waschen, vierteln, putzen und in mundgerechte Stücke schneiden. Maiskolben abgießen, gut abtropfen lassen und in 1 cm dicke Scheiben schneiden. Gemüse und Polentabällchen auf Platten dekorativ anrichten.

4 Öl im Fonduetopf erhitzen, auf das Rechaud stellen. Polentabällchen in Fonduesieben und Gemüse auf Fonduegabeln im Fett braten.

Mit Chili-Mayonnaise (Seite 19) und Avocadodip (siehe Tipps) sowie Tortilla-Chips servieren.

TIPPS: Für den **Avocadodip** 1 reife Avocado schälen, entsteinen und mit einer Gabel zerdrücken. Sofort mit dem Saft von 1/2 Limette und 2 EL Crème fraîche glatt rühren. 1 kleine, fein gewürfelte weiße Zwiebel und 1/2 Bund gehackten Koriander oder Petersilie untermischen. Mit Salz, Pfeffer und Tabasco würzen.
Wenn es sehr schnell gehen muss, können Sie auch eine fertige Tacosauce statt der Chili-Mayonnaise dazu reichen.

Grundrezept Joghurt-Mayonnaise

1 2 sehr frische Eigelbe mit Salz und schwarzem Pfeffer mit dem Handrührgerät verquirlen, dann 2 TL Zitronensaft und 1 TL scharfen Senf unterrühren.

2 150 ml Öl zuerst tropfenweise, dann im dünnen Strahl unter ständigem Rühren dazugießen, bis eine Mayonnaise entsteht. 3 EL Joghurt nach und nach untermischen. Ergibt etwa 250 g.

Zitronen-Mayonnaise

➤ Schale und Saft von 1/2 unbehandelten Zitrone mit 125 g Mayonnaise (Grundrezept) und 2 EL Crème fraîche verrühren. Mit Salz, Pfeffer und Zucker würzen. (Pro Portion 1050 kJ/250 kcal.)

Kräuter-Mayonnaise

➤ 1 Bund Salatkräuter hacken. Mit 125 g Mayonnaise (Grundrezept), 1 EL Essig, Salz, Pfeffer und 2 EL Schmand verrühren. (Pro Portion 950 kJ/230 kcal.)

Tomaten-Mayonnaise

1 gewürfelte Schalotte in 1 EL Olivenöl anbraten. 3 EL gehackte Tomaten und 1 TL Tomatenmark mitdünsten. Mit 125 g Mayonnaise (Grundrezept), Salz, Pfeffer verrühren. (Pro Portion 1060 kJ/250 kcal.)

Parmesan-Mayonnaise

125 g Mayonnaise (Grundrezept) mit Salz, Pfeffer und 2 TL Aceto balsamico würzen. 30 g geriebenen Parmesan unterrühren. 1 geschnittene Frühlingszwiebel unterziehen. (Pro Portion 1040 kJ/250 kcal.)

Oliven-Mayonnaise

50 g grüne gehackte Oliven mit 125 g Mayonnaise (Grundrezept), 2 EL Sahne, zerdrücktem Knoblauch, Salz, Pfeffer verrühren. (Pro Portion 1090 kJ/260 kcal.)

Chili-Mayonnaise

125 g Mayonnaise mit 3 EL Chili-Ketchup, 2 TL Tomatenmark, je 1 gewürfelten Chilischote und Schalotte, Salz, Tabasco mischen. (Pro Portion 1000 kJ/240 kcal.)

KREOLISCHES FONDUE

➤ fruchtig-scharf

Ein exotischer Schlemmertrip in die Karibik – aufregend würzig

Zutaten für 4 Personen:

- *3 Kochbananen (oder 3 sehr unreife Bananen)*
- *2 EL Limettensaft*
- *1 EL Butter*
- *gemahlener Piment*
- *Cayennepfeffer*
- *1 TL Paprikapulver, edelsüß*
- *1 Stange Lauch*
- *Salz*
- *$^1/_2$ frische Ananas*
- *200 g rohe, geschälte Garnelenschwänze*
- *1 $^1/_2$ l Pflanzenöl oder Plattenfett*
- *Außerdem:*
- *kleine Holzstäbchen*

ZUBEREITUNGSZEIT: 40 MIN.
PRO PORTION ETWA: 2110 KJ/500 KCAL

1 Die Kochbananen schälen und mit Limettensaft beträufeln. Butter in einer Pfanne erhitzen und die Bananen darin in 10 Min. goldbraun braten. Mit Piment, Cayennepfeffer und Paprika kräftig würzen, herausnehmen.

2 Den Lauch waschen, putzen, längs halbieren und in einzelne Blätter zerlegen. In kochendem Salzwasser 1–2 Min. blanchieren, kalt abschrecken und abtropfen lassen. Bananen mit je 2–3 Lauchstreifen girlandenförmig umwickeln und im Abstand von 2–3 cm mit kleinen Holzstäbchen feststecken, dann in Scheiben schneiden.

3 Ananas schälen, erst in Scheiben, dann ohne Strunk in Stücke schneiden. Garnelen waschen, trockentupfen, mit Salz und Cayennepfeffer würzen.

4 Öl oder Fett im Fonduetopf erhitzen und auf das Rechaud stellen. Bananenpäckchen, Ananas und Garnelen auf Fonduegabeln spießen und im Fett knusprig ausbraten.

Dazu schmecken die Chili-Mayonnaise (Seite 19) und eine Tomaten-Salsa (siehe Tipp).

! **TIPP:** Eine würzige **Tomaten-Salsa** passt gut zum Fondue. 4 Tomaten ohne Kerne klein würfeln, mit 1 fein gehackten Zwiebel und 1 gehackten Knoblauchzehe sowie 1 Bund gehacktem Koriandergrün vermischen. Mit Salz, Pfeffer und je 1 EL Limettensaft und Olivenöl abschmecken.

GEMÜSEFONDUE IN CURRYTEIG

➤ preiswert | würzig

Im Handumdrehen zubereitet und knusprig frittiert

Zutaten für 4 Personen:

- *2 Eier*
- *300 g Mehl*
- *Salz*
- *300 ml kohlensäurehaltiges Mineralwasser*
- *1 EL Currypulver*
- *1,2 kg gemischtes Gemüse (z. B. Blumenkohl, Brokkoli, Möhren, Kohlrabi, Fenchel, Zucchini, Paprikaschoten)*
- *schwarzer Pfeffer, frisch gemahlen*
- *1 1/2 Pflanzenöl oder Plattenfett*

ZUBEREITUNGSZEIT: 30 MIN.
PRO PORTION ETWA: 1850 KJ/440 KCAL

1 Die Eier trennen. Eigelbe mit Mehl, 1/2 TL Salz und Mineralwasser zu einem glatten Teig verarbeiten. Mit Curry würzen. Eiweiße steif schlagen und unterheben.

2 Gemüse waschen und putzen oder schälen und in mundgerechte Stücke schneiden. Festere Sorten wie Blumenkohl, Brokkoli, Möhren, Kohlrabi und Fenchel in kochendem Salzwasser in 2–3 Min. bissfest garen, kalt abschrecken und abtropfen lassen. Gemüse salzen und pfeffern.

3 Teig auf vier Schälchen verteilen, das Gemüse anrichten. Das Öl oder Fett in einem Fonduetopf erhitzen und auf das Rechaud stellen. Gemüse auf Fondugabeln spießen und durch den Teig ziehen. Abtropfen lassen und sofort ins heiße Fett geben. In 1–2 Min. goldbraun frittieren.

Dazu passen die Zitronen- und die Kräuter-Mayonnaise (Seite 18).

! **VARIANTE:** Besonders kernig schmeckt die Teighülle, wenn Sie die Hälfte des Mehls durch Buchweizenmehl ersetzen.

FISCHFONDUE MEDITERRAN

➤ gelingt leicht

Mit dem aromatischen Duft von Knoblauch, Kräutern und Olivenöl

Zutaten für 4 Personen:

- *500 g festes Fischfilet (z. B. von Thunfisch, Schwertfisch, Seeteufel)*
- *200 g kleine Tintenfische*
- *2 Knoblauchzehen*
- *1 ½ l Olivenöl*
- *1 EL frisch gehackter Thymian*
- *1 EL frisch gehackter Rosmarin*
- *Salz*
- *schwarzer Pfeffer, frisch gemahlen*
- *1 Aubergine*
- *2 gelbe Paprikaschoten*

ZUBEREITUNGSZEIT: 25 MIN.
MARINIERZEIT: 1 STD.
PRO PORTION ETWA: 1250 KJ/300 KCAL

1 Das Fischfilet und die Tintenfische waschen und trockentupfen. Den Fisch in mundgerechte Würfel, die Tintenfische in Ringe schneiden. Den Knoblauch schälen, durchpressen, mit 3 EL Olivenöl, Thymian, Rosmarin, Salz und Pfeffer verrühren. Fisch und Tintenfische in der Marinade wenden und mindestens 1 Std. durchziehen lassen.

2 Die Aubergine und die Paprikaschoten waschen, putzen und in 2–3 cm große Würfel schneiden. Fisch und Gemüse getrennt auf Platten anrichten.

3 Das übrige Olivenöl in einem Fonduetopf erhitzen und auf das Rechaud stellen. Zutaten auf Fonduegabeln spießen und im heißen Fett braten.

Dazu passen frisches Baguette sowie die Zitronen- und die Oliven-Mayonnaise *(Seite 18/19).*

TIPP: Die Auberginenwürfel mit Salz bestreuen, 15 Min. im Saft ziehen lassen und mit Küchenpapier trockentupfen – so werden sie beim Braten knuspriger.

KÄSEFONDUE MIT PILZEN

➤ raffiniert | gelingt leicht

Herzhafter Genuss voller Geschmack – schnell gemacht

Zutaten für 4 Personen:

- *150 g Steinpilze*
- *150 g Champignons*
- *1 Zwiebel*
- *1/2 Bund Petersilie*
- *1 großes Stangenweißbrot*
- *1 EL Butter • Salz*
- *schwarzer Pfeffer, frisch gemahlen*
- *1/2 Knoblauchzehe*
- *400 g geriebener Greyerzer*
- *200 g geriebener Emmentaler*
- *3 TL Speisestärke*
- *300 ml trockener Weißwein*
- *1 TL Zitronensaft*
- *Muskatnuss, frisch gerieben*

ZUBEREITUNGSZEIT: 30 MIN.
PRO PORTION ETWA: 3670 KJ/880 KCAL

1 Pilze putzen und in Scheiben schneiden. Zwiebel schälen und fein würfeln. Petersilie waschen, trockenschütteln und hacken. Brot in Würfel schneiden.

2 Butter in einer Pfanne erhitzen und die Zwiebel darin glasig braten. Pilze dazugeben und dünsten, bis der Saft verdampft ist. Petersilie untermischen, mit Salz und Pfeffer würzen.

3 Einen Fonduetopf mit Knoblauch ausreiben. Käse und Speisestärke darin vermischen. Wein und Zitronensaft angießen und unter Rühren kochen lassen, bis der Käse geschmolzen ist. Pilze unterziehen, mit Pfeffer und Muskatnuss würzen.

4 Das Fondue auf das Rechaud stellen. Die Brotwürfel auf Fonduegabeln spießen und durch die Käse-Pilz-Masse ziehen.

Dazu passen frische Tomaten.

! **VARIANTE:** Außerhalb der Steinpilzsaison können Sie das Fondue auch mit Egerlingen zubereiten und die Käsecreme zusätzlich mit getrockneten Steinpilzen aromatisieren: 10 g Trockenpilze in 1/8 l Weißwein einweichen, abtropfen lassen und sehr fein hacken. Auch den Einweich-Wein für das Fondue verwenden.

KÄSE-PEPERONI-FONDUE

➤ **würzig-scharf | schnell gemacht**

Eine Kombination aus mildem und herzhaftem Käse

Zutaten für 4 Personen:

- *300 g Appenzeller*
- *300 g Allgäuer Bergkäse*
- *500 g kräftiges Bauernbrot*
- *1 Zwiebel*
- *2 Knoblauchzehen*
- *3 scharfe, rote Peperoni*
- *1 EL Olivenöl*
- *3 TL Speisestärke*
- *300 ml trockener Weißwein*
- *2 TL Zitronensaft*
- *Cayennepfeffer*

ZUBEREITUNGSZEIT: 30 MIN.
PRO PORTION ETWA: 4180 KJ/1000 KCAL

1 Beide Käsesorten entrinden und würfeln. Das Brot in Stücke schneiden. Zwiebel und Knoblauch schälen und fein würfeln. Peperoni putzen, entkernen und in sehr kleine Würfel schneiden. Das Öl in einem Fonduetopf erhitzen, Zwiebel und Knoblauch darin glasig braten. Zwei Drittel der Peperoni dazugeben und kurz dünsten.

2 Die Speisestärke mit 3 EL Wein glatt rühren. Übrigen Wein und Zitronensaft in den Topf gießen und aufkochen lassen. Den Käse hinzufügen und unter Rühren schmelzen lassen. Angerührte Stärke untermischen und einmal aufkochen lassen. Mit Cayennepfeffer abschmecken.

3 Den Fonduetopf auf das Rechaud setzen und die Käsemasse mit den übrigen Peperoniwürfeln bestreuen. Die Brotwürfel auf Fonduegabeln spießen und durch die Käsemasse ziehen.

TIPP: Besonders würzig schmeckt's, wenn Sie die Speisestärke statt mit Wein mit 3 EL Grappa verquirlen.

FRISCHKÄSE-KRÄUTER-FONDUE

➤ raffiniert | gelingt leicht

Frühlingsvariante mit frischem Gemüse zum Stippen

Zutaten für 4 Personen:

- *1,2 kg gemischtes Gemüse (Chicorée, Paprikaschoten, Frühlingszwiebeln, junge Möhren, Fenchel, Staudensellerie)*
- *2 Schalotten*
- *1 Knoblauchzehe*
- *1 Bund gemischte Salatkräuter*
- *1 EL Butter*
- *3/8 l Gemüsebrühe*
- *400 g Frischkäse*
- *200 g Gorgonzola*
- *2 TL Speisestärke*
- *Salz*
- *schwarzer Pfeffer, frisch gemahlen*

ZUBEREITUNGSZEIT: 30 MIN.
PRO PORTION ETWA: 1740 KJ/410 KCAL

1 Das Gemüse waschen, putzen, gegebenenfalls schälen und in Streifen schneiden. Schalotten und Knoblauch schälen und sehr fein würfeln. Kräuter waschen, trockenschütteln, Blätter abzupfen und hacken.

2 Die Butter in einem Fonduetopf erhitzen, Schalotten und Knoblauch darin hellgelb andünsten. Brühe bis auf 3 EL angießen und erhitzen. Frischkäse und Gorgonzola in den Topf geben und zu einer glatten, cremigen Masse verrühren. Die Speisestärke mit der übrigen Brühe verquirlen, einrühren und kurz aufkochen lassen.

3 Kräuter untermischen, das Fondue mit Salz und Pfeffer abschmecken. Den Fonduetopf auf das Rechaud stellen. Die Gemüsesticks durch die Käse-Kräuter-Masse ziehen.

Dazu Stangenweißbrot servieren.

VARIANTE: Statt Brot können Sie auch in dicke Scheiben geschnittene warme Pellkartoffeln und feste Birnenscheiben zum Fondue reichen.

TIPP: Reste vom Fondue erhitzen und als Sauce zu Nudeln oder Pellkartoffeln servieren.

BEEREN-JOGHURT-FONDUE

➤ **gelingt leicht**

Cremiger Genuss in Pink –
zum Schwelgen und Sattessen

Zutaten für 4 Personen:

- *2 Nektarinen*
- *1 große Banane*
- *1 EL Zitronensaft*
- *100 g Löffelbiskuits*
- *100 g Amaretti*
- *50 g dünne Schokoladentäfelchen*
- *250 g gemischte Beeren (z. B. Erdbeeren, Himbeeren)*
- *250 g Mascarpone*
- *250 g Vollmilchjoghurt*
- *1 EL Bourbon-Vanillezucker*
- *2 EL Puderzucker*
- *3 TL Speisestärke*

ZUBEREITUNGSZEIT: 25 MIN.
PRO PORTION ETWA: 2980 KJ/710 KCAL

1 Die Nektarinen waschen, entsteinen und in Spalten schneiden. Banane schälen und in Scheiben schneiden, sofort mit Zitronensaft beträufeln. Löffelbiskuits dritteln. Mit den Früchten, Amaretti und Schokotäfelchen anrichten.

2 Die Beeren kurz waschen, gut abtropfen lassen und verlesen. Mit dem Pürierstab fein zermusen.

3 Den Mascarpone mit Joghurt, Vanille- und Puderzucker sowie der Speisestärke in einem Fonduetopf verrühren. Unter ständigem Rühren langsam erhitzen und 2–3 Min. köcheln lassen. Dann das Beerenpüree unterziehen und noch mal kurz aufwallen lassen.

4 Den Fonduetopf auf das Rechaud stellen und die Creme bei kleiner Flamme heiß halten. Früchte und Löffelbiskuits auf Fonduegabeln spießen und durch die Creme ziehen. Amaretti und Schokoladentäfelchen dazu reichen.

TIPP: Servieren Sie das Fondue zur Abwechslung mal kalt, zum Beispiel im Sommer als Erfrischung für Kinder. Wer mag, kann das Beerenpüree noch durch ein Sieb streichen, um die Kernchen zu entfernen.

Impressum

➤ *Die Temperaturangaben*
bei Gasherden variieren von Hersteller zu Hersteller. Welche Stufe Ihres Herdes der jeweils angegebenen Temperatur entspricht, entnehmen Sie bitte der Gebrauchsanweisung. Bei Elektroherden können die Backzeiten je nach Herd variieren.

➤ *Vielen Dank!*
Ein herzliches Dankeschön an die Firmen KAHLA / Thüringen und TERRE D' HAUTANIBOUL / Frankreich, aus deren Programm sich unsere Fotografin bedienen durfte.

Redaktion: Sigrid Burghard
Lektorat: Linde Wiesner
Umschlag- und Innenlayout: independent Medien-Design
Fotos: FoodPhotography Eising / Martina Görlach / Andrea Holzer
Herstellung: Petra Roth
Satz: EDV-Fotosatz Huber / Verlagsservice G. Pfeifer, Germering
Reproduktionen: Penta Repro München
Druck und Bindung: Alcione
ISBN: 3-7742-3237-7

Auflage:	5.	4.	3.	2.	1.
Jahr:	2005	2004	2003	2002	2001